AF221701

x

Impressum
Verlag: BABADADA GmbH, Nedderfeld 112 , 22529 Hamburg
Geschäftsführer / Verlagsleitung: Harald Hof
Druck: Books on Demand GmbH, In de Tarpen 42, 22848 Norderstedt

Imprint
Publisher: BABADADA GmbH, Nedderfeld 112 , 22529 Hamburg, Germany
Managing Director / Publishing direction: Harald Hof
Print: Books on Demand GmbH, In de Tarpen 42, 22848 Norderstedt

škola
koulu

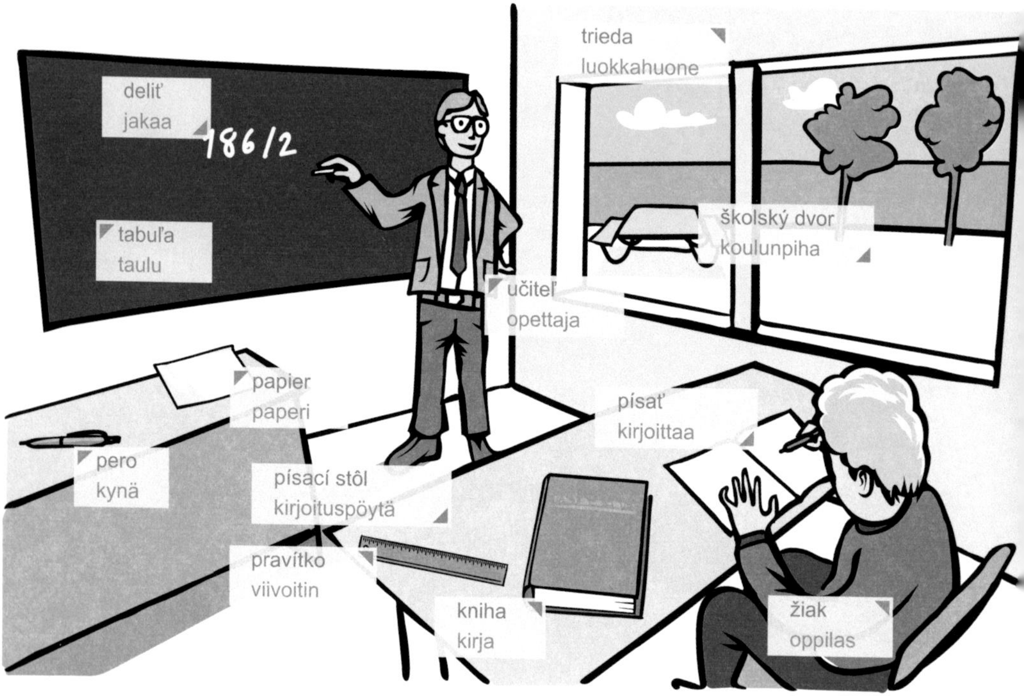

trieda
luokkahuone
deliť
jakaa
186/2
tabuľa
taulu
školský dvor
koulunpiha
učiteľ
opettaja
papier
paperi
písať
kirjoittaa
pero
kynä
písací stôl
kirjoituspöytä
pravítko
viivoitin
kniha
kirja
žiak
oppilas

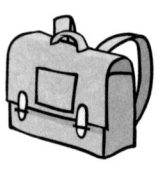

školská taška

reppu

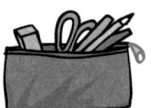

peračník

penaali

ceruza

lyijykynä

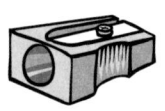

strúhadlo na ceruzky

kynänteroitin

guma

pyyhekumi

skicár

piirustuslehtiö

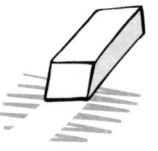

kresba

piirustus

štetec

pensseli

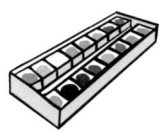

vodové farby

vesivärit

nožnice

sakset

lepidlo

liima

cvičný zošit

harjoituskirja

domáca úloha

kotitehtävä

číslo

luku

sčítať

lisätä

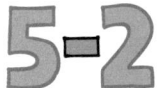

odčítať

vähentää

násobiť

kertoa

počítať

laskea

písmeno

kirjain

abeceda

aakkoset

hello

slovo

sana

text
teksti

čítať
lukea

krieda
liitu

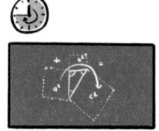

hodina
oppitunti

triedna kniha
opettajan muistikirja

skúška
koe

certifikát
todistus

školská uniforma
koulupuku

vzdelanie
koulutus

encyklopédia
sanakirja

univerzita
yliopisto

mikroskop
mikroskooppi

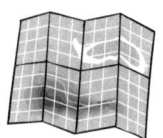

mapa
kartta

kôš na papier
roskakori

hotel
hotelli

nocľaháreň
retkeilymaja

ROOMS

EXCHANGE

zmenáreň
rahanvaihto

kufor
matkalaukku

auto
auto

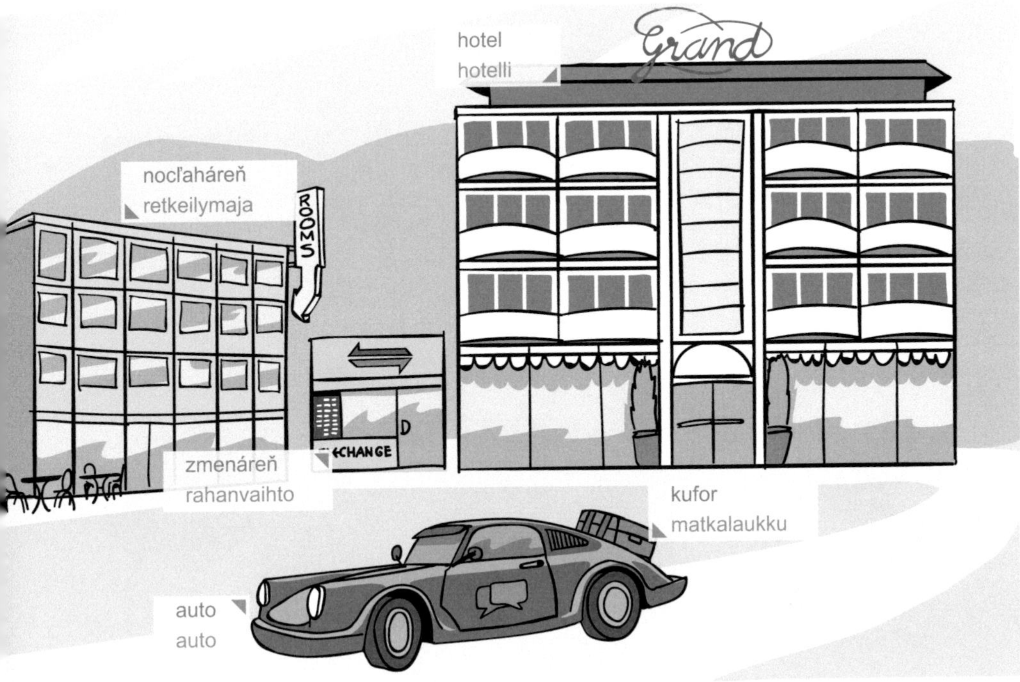

jazyk

kieli

áno/nie

kyllä / ei

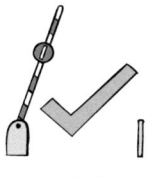

v poriadku

selvä

ahoj

hei

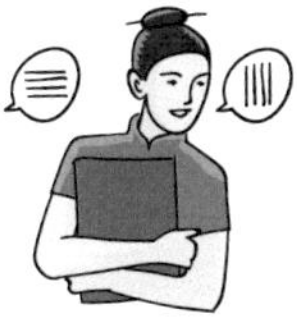

prekladateľ

tulkki

ďakujem

kiitos

Koľko stojí ... ?

Paljonko...maksaa?

Nerozumiem

en ymmärrä

problém

ongelma

Dobrý večer!

Hyvää iltaa!

Dobré ráno!

Hyvää huomenta!

Dobrú noc!

Hyvää yötä!

Dovidenia

näkemiin

smer

suunta

batožina

matkatavarat

taška

laukku

batoh

reppu

hosť

vieras

izba

huone

spacák

makuupussi

stan

teltta

informácie pre turistov

turisti-info

pláž

ranta

kreditná karta

luottokortti

raňajky

aamupala

obed

lounas

večera

päivällinen

cestovný lístok

matkalippu

výťah

hissi

poštová známka

postimerkki

hranica

raja

clo

tulli

veľvyslanectvo

suurlähetystö

vízum

viisumi

cestovný pas

passi

doprava
kuljetus

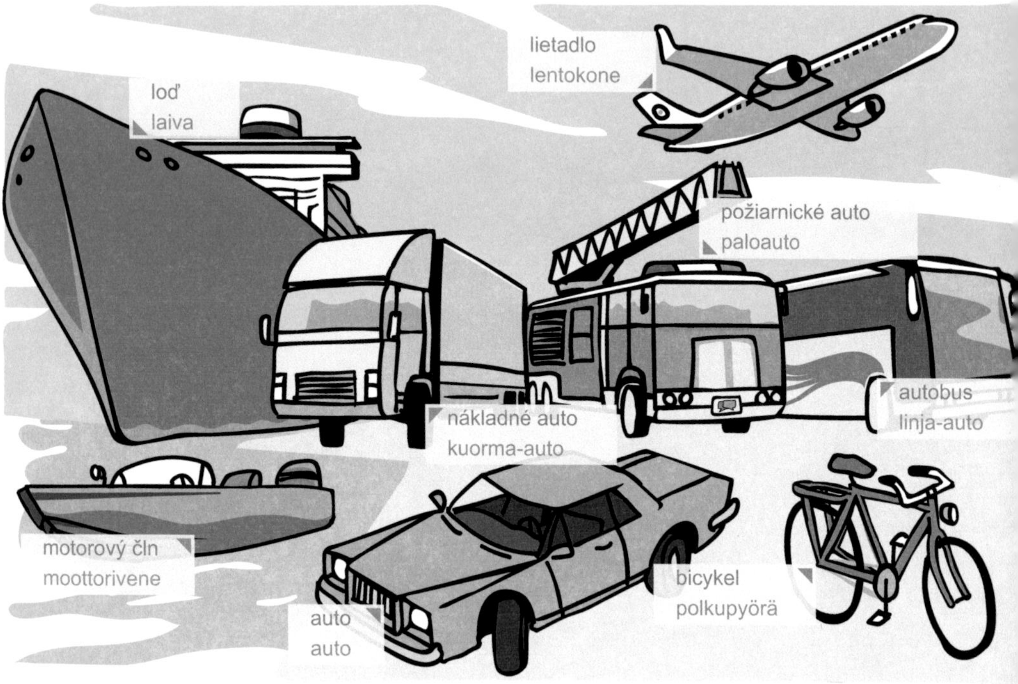
lietadlo
lentokone
loď
laiva
požiarnické auto
paloauto
autobus
linja-auto
nákladné auto
kuorma-auto
motorový čln
moottorivene
bicykel
polkupyörä
auto
auto

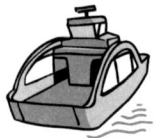

trajekt

lautta

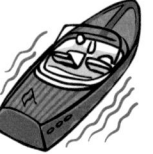

loď

vene

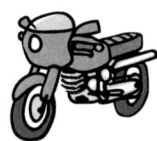

motorka

moottoripyörä

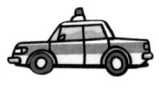

policajné auto

poliisiauto

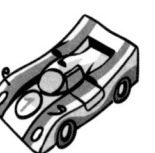

pretekárske auto

kilpa-auto

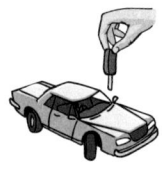

vozidlo z požičovne

vuokra-auto

carsharing

car sharing

odťahové auto

hinausauto

smetiarske auto

roska-auto

motor

moottori

benzín

polttoaine

čerpacia stanica

huoltoasema

dopravná značka

liikennemerkki

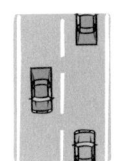

premávka

liikenne

zápcha

ruuhka

parkovisko

parkkipaikka

vlaková stanica

rautatieasema

trate

raiteet

vlak

juna

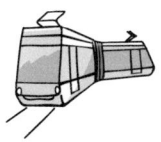

električka

raitiovaunu

vagón

vaunu

helikoptéra

helikopteri

letisko

lentokenttä

veža

lähilennonjohto

pasažier

matkustaja

kontajner

kontti

kartón

pahvilaatikko

vozík

kärryt

kôš

kori

štartovať / pristáť

nousta / laskea

mesto
kaupunki

dedina

kylä

centrum mesta

keskusta

dom

talo

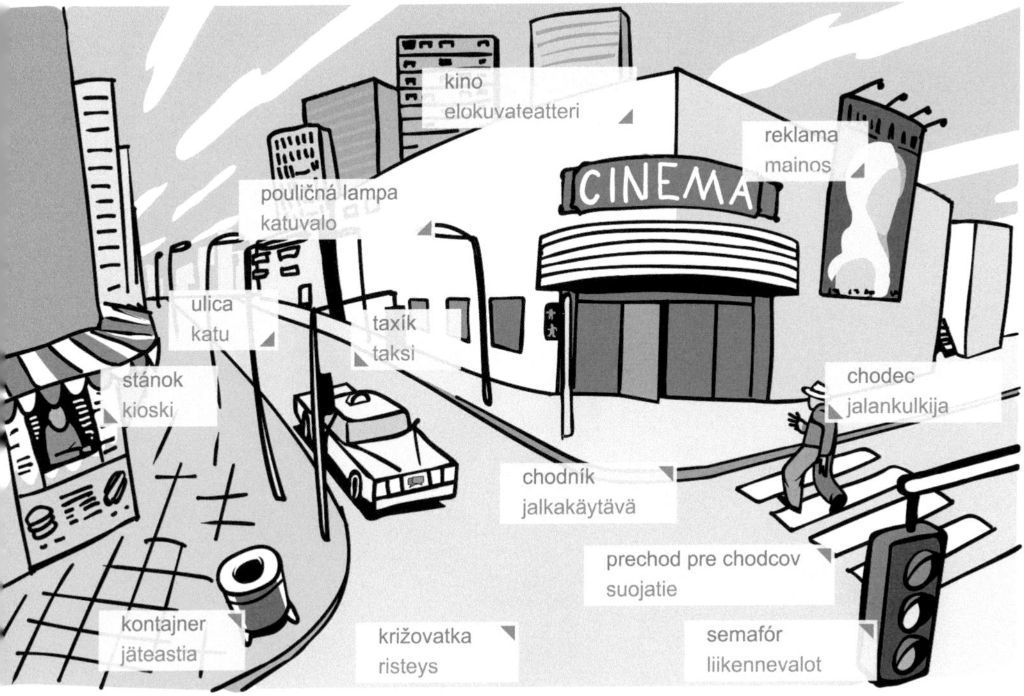

kino
elokuvateatteri

reklama
mainos

pouličná lampa
katuvalo

CINEMA

ulica
katu

taxík
taksi

chodec
jalankulkija

stánok
kioski

chodník
jalkakäytävä

prechod pre chodcov
suojatie

kontajner
jäteastia

križovatka
risteys

semafór
liikennevalot

chata

mökki

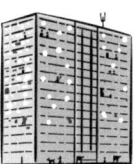

byt

kerrostalo

vlaková stanica

rautatieasema

radnica

kaupungintalo

múzeum

museo

škola

koulu

univerzita

yliopisto

banka

pankki

nemocnica

sairaala

hotel

hotelli

lekáreň

apteekki

kancelária

toimisto

kníhkupectvo

kirjakauppa

obchod

liike

kvetinárstvo

kukkakauppa

supermarket

supermarketti

trh

tori

obchodný dom

tavaratalo

obchodník s rybami

kalakauppias

nákupné stredisko

ostoskeskus

prístav

satama

park

puisto

lavička

penkki

most

silta

schody

portaat

metro

metro

tunel

tunneli

autobusová zastávka

linja-autopysäkki

bar

baari

reštaurácia

ravintola

poštová schránka

postilaatikko

tabuľa s názvom ulice

katukyltti

parkovacie hodiny

parkkimittari

ZOO

eläintarha

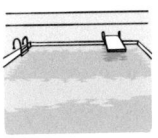

plaváreň

uimala

mešita

moskeija

farma

maatila

znečisťovanie životného prostredia

ympäristön saastuminen

cintorín

hautausmaa

kostol

kirkko

ihrisko

leikkikenttä

chrám

temppeli

terén
maisema

list
lehti

smerová tabuľa
tienviitta

cesta
tie

lúka
niitty

kameň
kivi

turista
retkeilijä

strom
puu

rieka
joki

tráva
ruoho

kvet
kukka

dolina

laakso

kopec

vuori

jazero

järvi

les

metsä

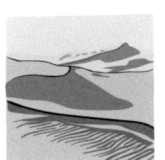

púšť

aavikko

vulkán

tulivuori

zámok

linna

dúha

sateenkaari

hríb

sieni

palma

palmu

komár

hyttynen

mucha

kärpänen

mravec

muurahainen

včela

mehiläinen

pavúk

hämähäkki

terén - maisema

chrobák

kovakuoriainen

žaba

sammakko

veverička

orava

jež

siili

zajac

jänis

sova

pöllö

vták

lintu

labuť

joutsen

diviak

villisika

jeleň

peura

los

hirvi

hrádza

pato

veterná turbína

tuulimylly

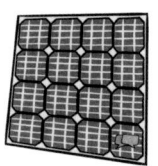

solárny panel

aurinkopaneeli

podnebie

ilmasto

reštaurácia
ravintola

čašník
tarjoilija
jedálny lístok
ruokalista
stolička
tuoli
polievka
keitto
pizza
pitsa
príbor
ruokailuvälineet
obrus
pöytäliina

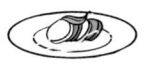

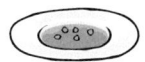

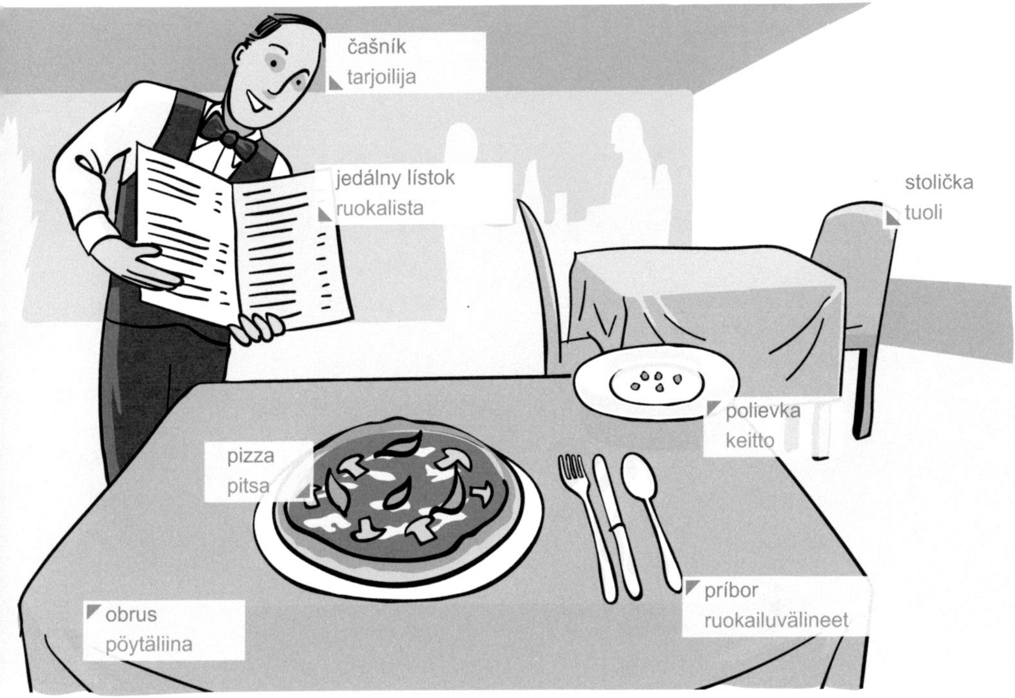

predjedlo

alkuruoka

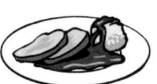

hlavné jedlo

pääruoka

zákusok

jälkiruoka

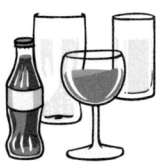

nápoje

juomat

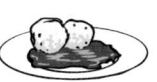

jedlo

ruoka

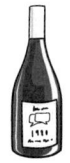

fľaša

pullo

fast-food

pikaruoka

street food

katuruoka

kanvica na čaj

teekannu

cukornička

sokeriastia

porcia

annos

stroj na espresso

espressokeitin

detská stolička

syöttötuoli

účet

lasku

podnos

tarjotin

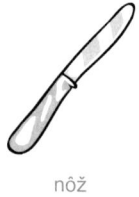

nôž

veitsi

vidlička

haarukka

lyžica

lusikka

čajová lyžička

teelusikka

obrúsok

servietti

pohár

lasi

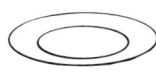

tanier

lautanen

hlboký tanier

syvä lautanen

podšálka

aluslautanen

omáčka

kastike

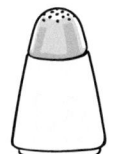

soľnička

suolasirotin

mlynček na korenie

pippurimylly

ocot

etikka

olej

öljy

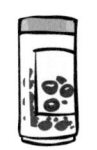

korenie

mausteet

kečup

ketsuppi

horčica

sinappi

majonéza

majoneesi

supermarket

supermarketti

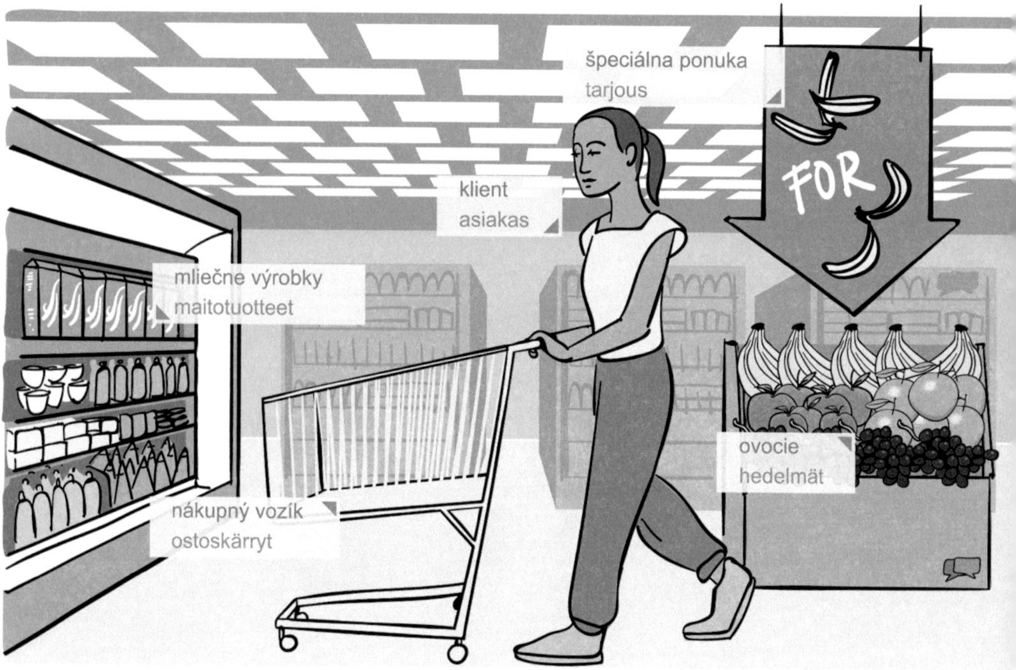

špeciálna ponuka
tarjous
FOR
klient
asiakas
mliečne výrobky
maitotuotteet
ovocie
hedelmät
nákupný vozík
ostoskärryt

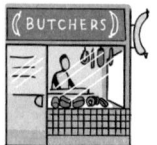

BUTCHERS

mäsiarstvo

teurastamo

BAKERY

pekáreň

leipomo

vážiť

punnita

zelenina

kasvikset

mäso

liha

mrazené potraviny

pakasteet

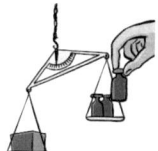

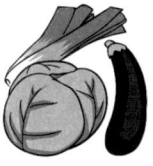

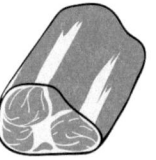

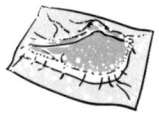

nárez

leikkele

konzervy

säilykkeet

prací prostriedok

pesujauhe

sladkosti

makeiset

domáce potreby

kotitaloustarvikkeet

čistiace prostriedky

puhdistusaineet

predavačka

myyjä

pokladňa

kassa

pokladník

kassanhoitaja

nákupný zoznam

ostoslista

otváracie hodiny

aukioloajat

peňaženka

lompakko

kreditná karta

luottokortti

taška

kassi

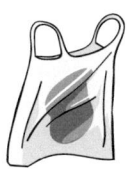

plastové vrecko

muovipussi

voda

vesi

džús

mehu

mlieko

maito

kola

kokis

víno

viini

pivo

olut

alkohol

alkoholi

kakao

kaakao

čaj

tee

káva

kahvi

espresso

espresso

kapučíno

cappuccino

banán

banaani

jablko

omena

pomaranč

appelsiini

melón

meloni

citrón

sitruuna

mrkva

porkkana

cesnak

valkosipuli

bambus

bambu

cibuľa

sipuli

hríb

sieni

orechy

pähkinät

rezance

spagetti

špagety

spagetti

ryža

riisi

šalát

salaatti

hranolky

ranskalaiset

pečené zemiaky

paistetut perunat

pizza

pitsa

hamburger

hampurilainen

obložený chlebík

voileipä

rezeň

leike

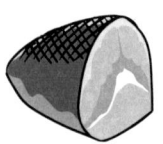

šunka

kinkku

saláma

salami

klobása

makkara

kurča

kana

pečené mäso

paisti

ryba

kala

ovsené vločky

kaurahiutaleet

müsli

mysli

kukuričné lupienky

murot

múka

jauho

croissant

voisarvi

pečivo

sämpylä

chlieb

leipä

hrianka

paahtoleipä

sušienky

keksit

maslo

voi

tvaroh

rahka

koláč

kakku

vajce

kananmuna

volské oko

paistettu kananmuna

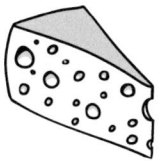

syr

juusto

jedlo - ruoka

zmrzlina
jäätelö

cukor
sokeri

med
hunaja

lekvár
hillo

nugátová nátierka
suklaapähkinälevite

karí korenie
curry

farma
maatila

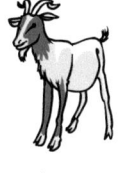

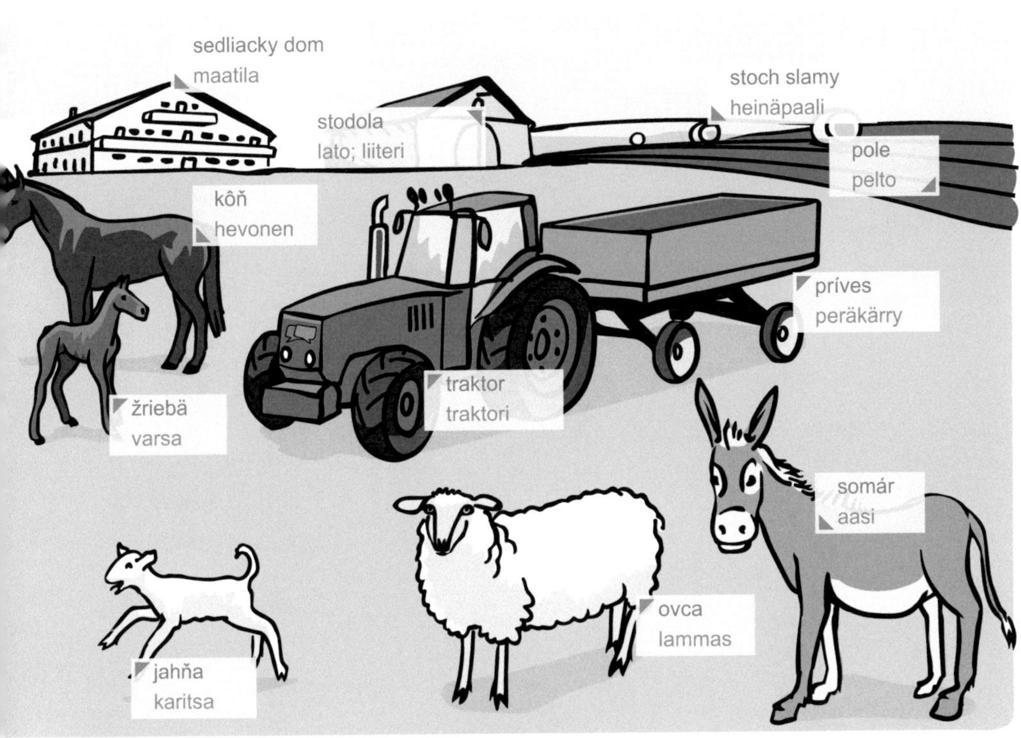
sedliacky dom
maatila
stodola
lato; liiteri
stoch slamy
heinäpaali
pole
pelto
kôň
hevonen
príves
peräkärry
traktor
traktori
žriebä
varsa
somár
aasi
ovca
lammas
jahňa
karitsa

koza
vuohi

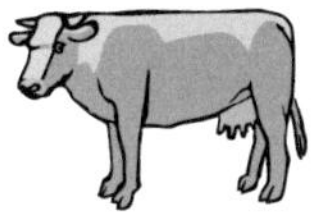
krava
lehmä

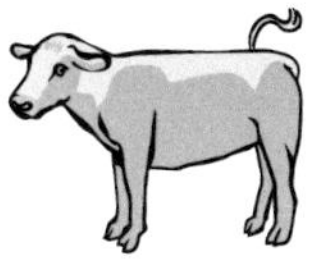
teľa
vasikka

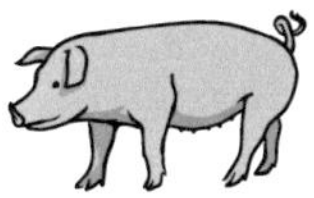
prasa
sika

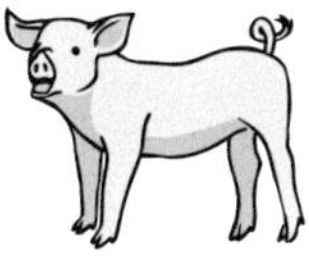
prasiatko
porsas

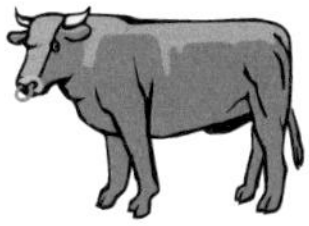
býk
sonni

hus

hanhi

kačica

ankka

kuriatko

tipu

sliepka

kana

kohút

kukko

potkan

rotta

mačka

kissa

myš

hiiri

vôl

härkä

pes

koira

psia búda

koirankoppi

záhradná hadica

puutarhaletku

krhla

kastelukannu

kosa

viikate

pluh

aura

kosák

sirppi

motyka

kuokka

vidly na hnoj

talikko

sekera

kirves

fúrik

kottikärryt

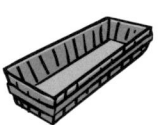

koryto

kaukalo

kanva na mlieko

maitokannu

vrece

säkki

plot

aita

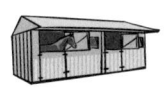

maštaľ

talli

skleník

kasvihuone

pôda

maa

osivo

siemen

hnojivo

lannoite

kombajn

leikkuupuimuri

žať
....
kerätä sato

žatva
....
sato

batát
....
jamssit

pšenica
....
vehnä

sója
....
soija

zemiak
....
peruna

kukurica
....
maissi

repka
....
rypsi

ovocný strom
....
hedelmäpuu

maniok
....
maniokki

obilie
....
vilja

dom
talo

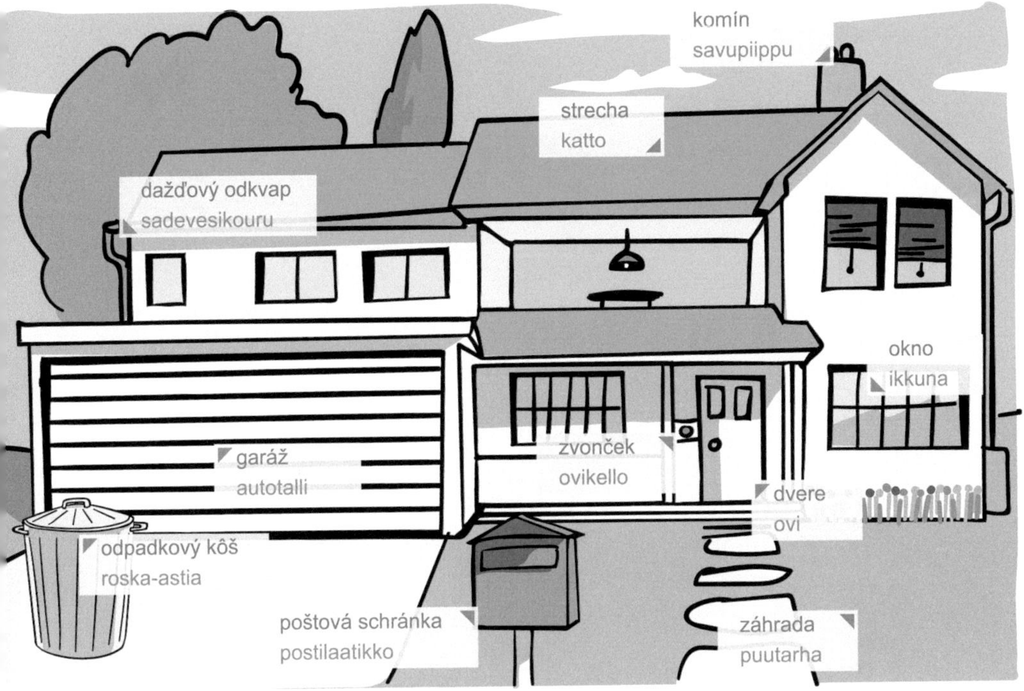

komín
savupiippu
strecha
katto
dažďový odkvap
sadevesikouru
okno
ikkuna
garáž
autotalli
zvonček
ovikello
dvere
ovi
odpadkový kôš
roska-astia
poštová schránka
postilaatikko
záhrada
puutarha

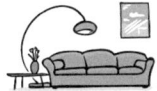

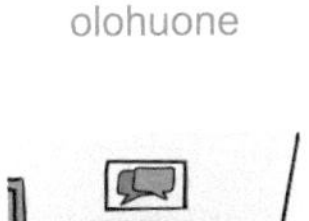

obývačka
olohuone

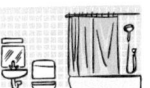

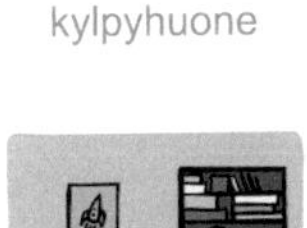

kúpeľňa
kylpyhuone

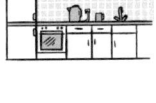

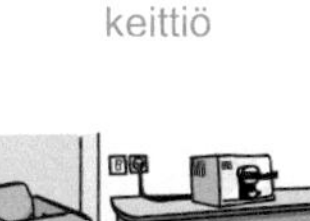

kuchyňa
keittiö

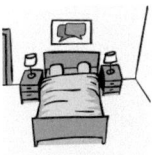

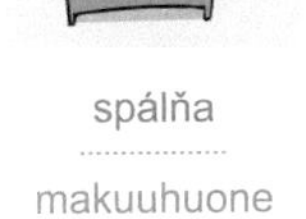

spálňa
makuuhuone

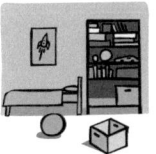

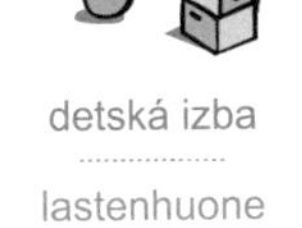

detská izba
lastenhuone

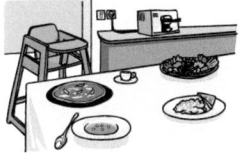

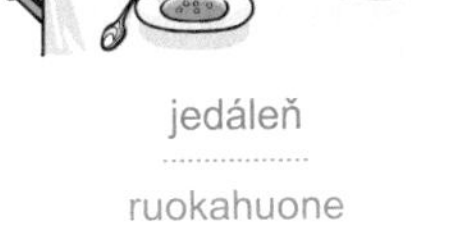

jedáleň
ruokahuone

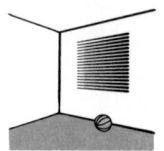

podlaha

lattia

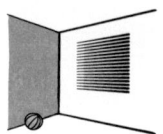

stena

seinä

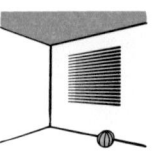

strop

katto

pivnica

kellari

sauna

sauna

balkón

parveke

terasa

terassi

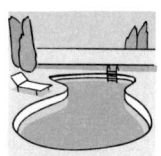

bazén

uima-allas

kosačka

ruohonleikkuri

obliečka

lakana

posteľná prikrývka

päiväpeitto

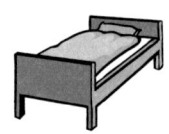

posteľ

sänky

metla

harja

vedro

ämpäri

vypínač

katkaisin

obývačka
olohuone

tapeta
tapetti
obraz
kuva
lampa
lamppu
regál
hylly
skriňa
kaappi
televízor
televisio
kozub
takka
kvet
kukka
vankúš
tyyny
pohovka
sohva
váza
maljakko
diaľkové ovládanie
kaukosäädin

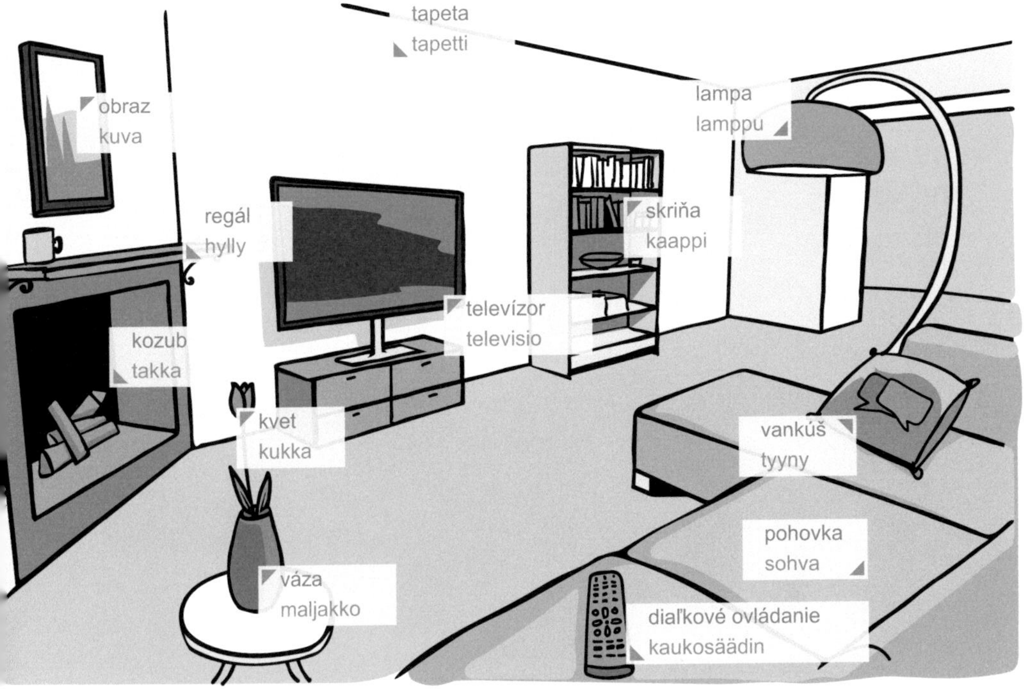

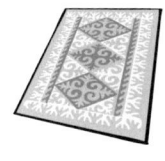

koberec

matto

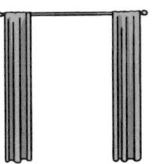

záclona

verho

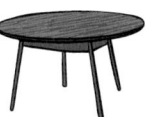

stôl

pöytä

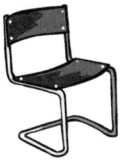

stolička

tuoli

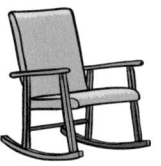

hojdacie kreslo

keinutuoli

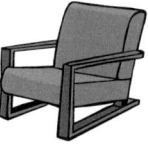

kreslo

nojatuoli

kniha

kirja

prikrývka

peitto

dekorácia

koriste

drevo na kúrenie

polttopuut

film

elokuva

hi-fi veža

stereot

kľúč

avain

noviny

sanomalehti

maľba

maalaus

plagát

juliste

rádio

radio

zápisník

muistivihko

vysávač

pölynimuri

kaktus

kaktus

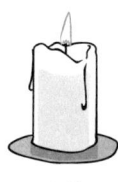

sviečka

kynttilä

kuchyňa
keittiö

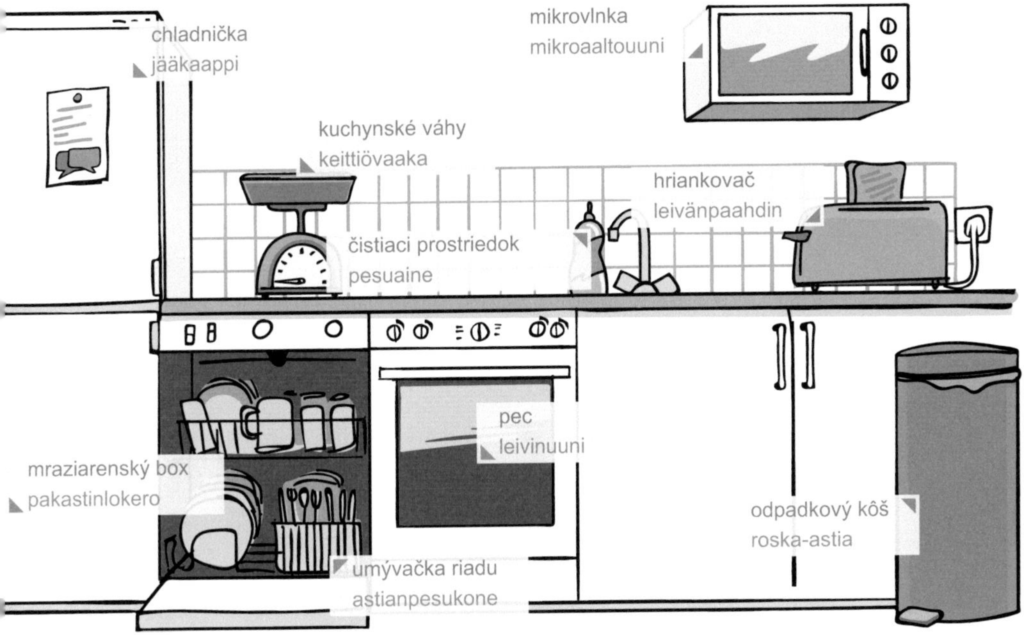
chladnička
jääkaappi
mikrovlnka
mikroaaltouuni
kuchynské váhy
keittiövaaka
hriankovač
leivänpaahdin
čistiaci prostriedok
pesuaine
pec
leivinuuni
mraziarenský box
pakastinlokero
odpadkový kôš
roska-astia
umývačka riadu
astianpesukone

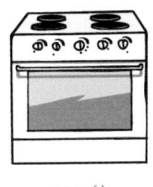

sporák
liesi

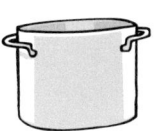

hrniec
kattila

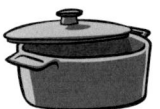

železný hrniec
rautapata

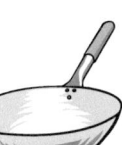

wok / kadai
vokkipannu / kadai-pannu

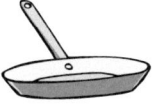

panvica
paistinpannu

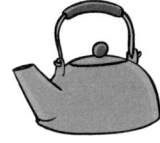

rýchlovarná kanvica
teepannu

parný hrniec

höyrykeitin

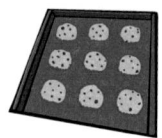

plech na pečenie

uunipelti

riad

astiat

pohár

muki

misa

kulho

paličky

syömäpuikot

naberačka na polievku

kauha

stierka

paistinlasta

metlička

vispilä

cedidlo

siivilä

sitko

siivilä

strúhadlo

raastin

mažiar

mortteli

gril

grilli

ohnisko

avotuli

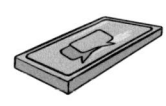

doska na krájanie

leikkuulauta

valček na cesto

kaulin

vývrtka

korkinavaaja

konzerva

purkki

otvárač na konzervy

purkinavaaja

chňapka

pannulappu

výlevka

lavuaari

kefa

tiskiharja

hubka

pesusieni

mixér

tehosekoitin

mraznička

pakastin

kojenecká fľaša

tuttipullo

vodovodný kohútik

vesihana

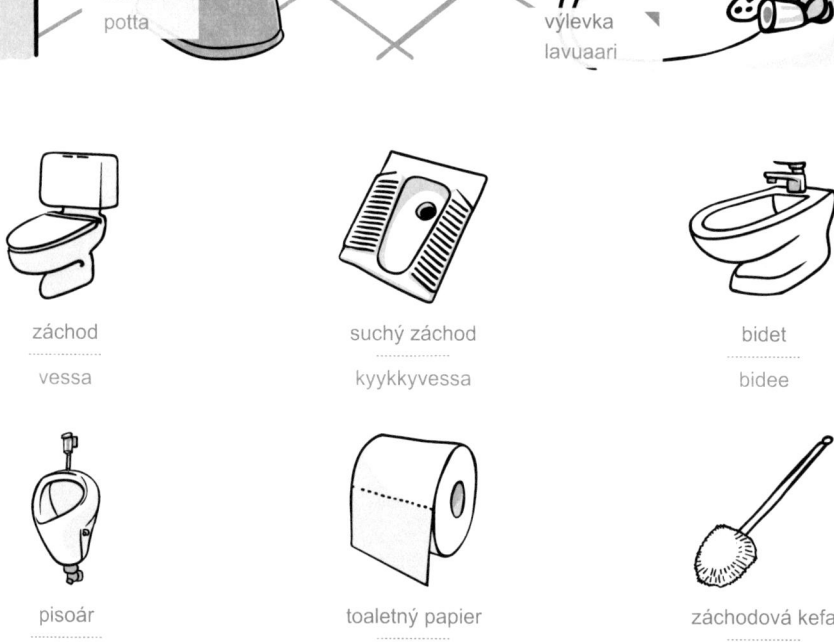

kúpeľňa
kylpyhuone

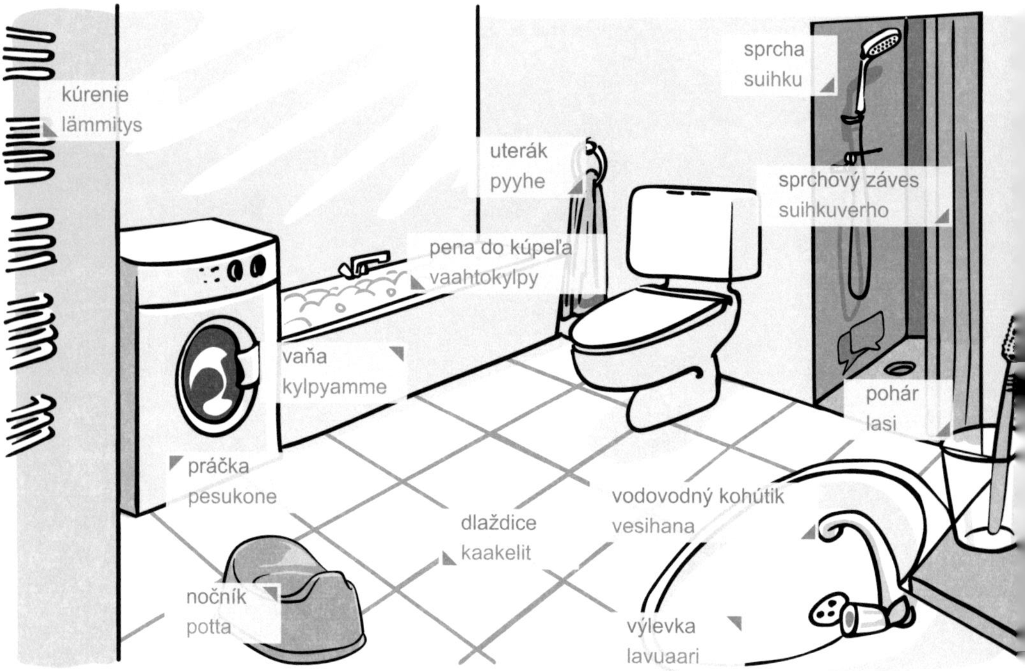

kúrenie
lämmitys
uterák
pyyhe
sprcha
suihku
sprchový záves
suihkuverho
pena do kúpeľa
vaahtokylpy
vaňa
kylpyamme
pohár
lasi
práčka
pesukone
vodovodný kohútik
vesihana
dlaždice
kaakelit
nočník
potta
výlevka
lavuaari

záchod
vessa

suchý záchod
kyykkyvessa

bidet
bidee

pisoár
pisuaari

toaletný papier
vessapaperi

záchodová kefa
vessaharja

zubná kefka

hammasharja

zubná pasta

hammastahna

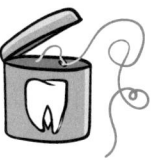

dentálna niť

hammaslanka

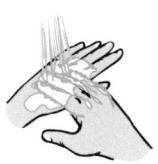

umývať

pestä

ručná sprcha

käsisuihku

sprcha pre intímnu hygienu

intiimisuihku

umývadlo

pesuvati

kefa na chrbát

selkäharja

mydlo

saippua

sprchový gél

suihkugeeli

šampón

shampoo

frotírová rukavica

pesulappu

odtok

viemäri

krém

voide

dezodorant

deodorantti

zrkadlo

peili

kozmetické zrkadlo

käsipeili

žiletka

partaveitsi

pena na holenie

partavaahto

voda po holení

partavesi

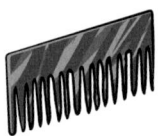

hrebeň

kampa

kefa

harja

sušič vlasov

hiustenkuivaaja

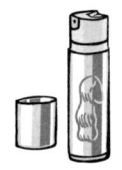

sprej na vlasy

hiuslakka

make-up

meikki

rúž

huulipuna

lak na nechty

kynsilakka

vata

pumpuli

nožnice na nechty

kynsisakset

parfum

hajuvesi

kozmetická taška

kosmetiikkalaukku

stolček

jakkara

váha

vaaka

kúpací plášť

kylpytakki

gumové rukavice

kumihansikkaat

tampón

tamponi

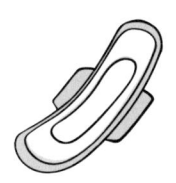

menštruačná vložka

terveysside

chemické WC

kemiallinen wc

detská izba
lastenhuone

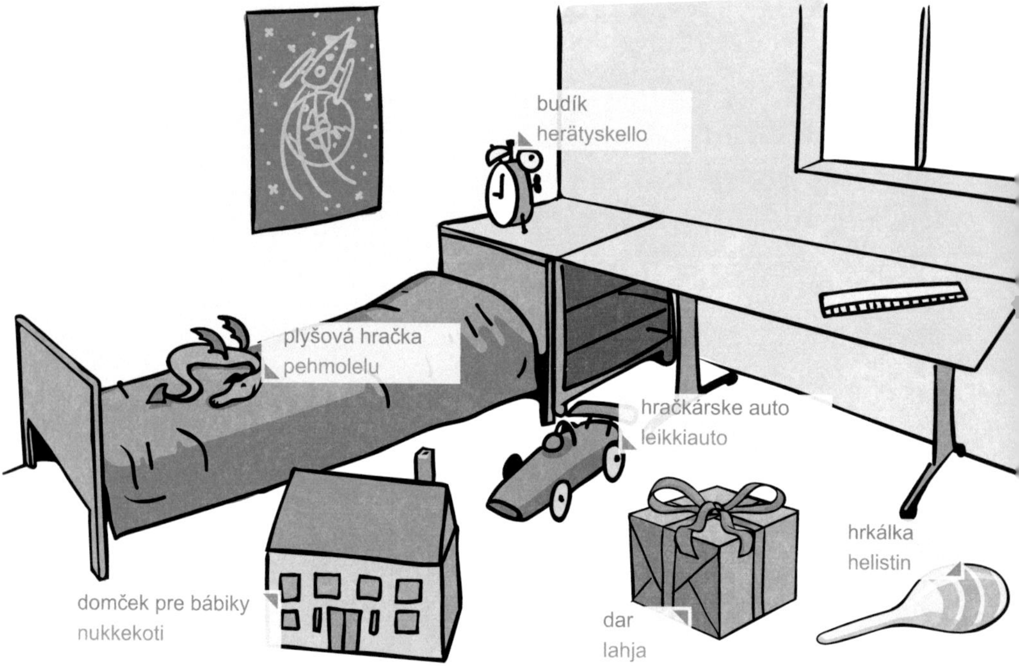

budík
herätyskello
plyšová hračka
pehmolelu
hračkárske auto
leikkiauto
hrkálka
helistin
domček pre bábiky
nukkekoti
dar
lahja

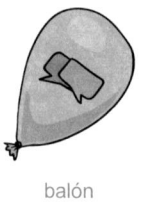

balón

ilmapallo

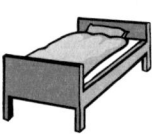

posteľ

sänky

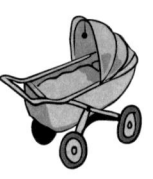

detský kočík

lastenvaunut

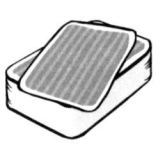

karty

korttipeli

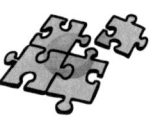

puzzle

palapeli

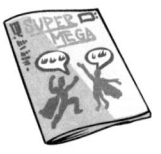

komix

sarjakuva

skladačka lego

legopalikat

stavebnica

rakennuspalikat

akčná postavička

supersankari

dupačky

potkupuku

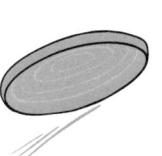

lietajúci tanier

frisbee

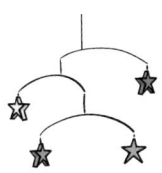

závesné hračky

mobile

stolová hra

lautapeli

kocka

noppa

modelový vláčik

pienoisjunarata

cumlík

tutti

párty

juhlat

obrázková kniha

kuvakirja

lopta

pallo

bábika

nukke

hrať sa

leikkiä

detská izba - lastenhuone

pieskovisko

hiekkalaatikko

hojdačka

keinu

hračky

lelut

hracia konzola

pelikonsoli

trojkolka

kolmipyörä

medvedík

nalle

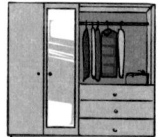

šatník

vaatekaappi

šatstvo

vaatteet

ponožky

sukat

pančuchy

nylonsukat

pančuchové nohavičky

sukkahousut

44

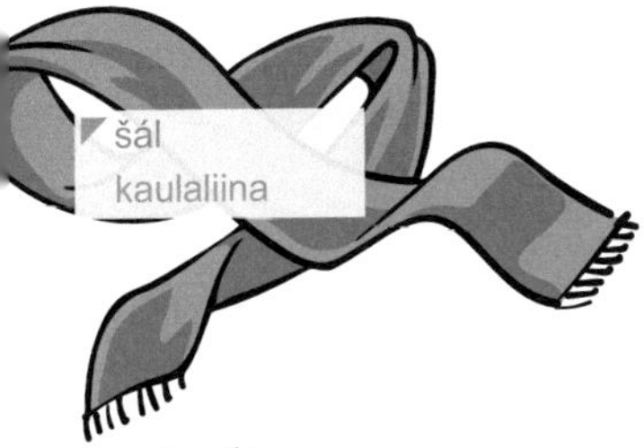

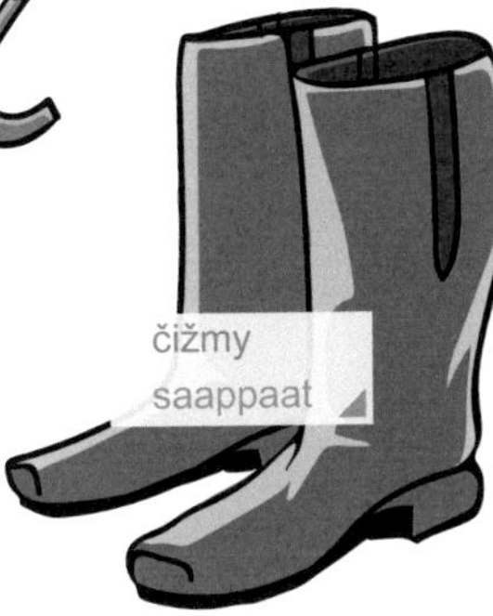

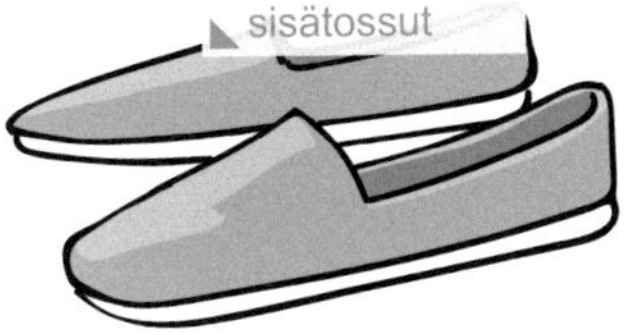

šál
kaulaliina

opasok
vyö

dáždnik
sateenvarjo

tričko
t-paita

čižmy
saappaat

papuče
sisätossut

tenisky
lenkkarit

sandále
sandaalit

topánky
kengät

gumáky
kumisaappaat

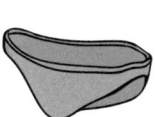

spodky
alushousut

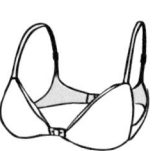

podprsenka
rintaliivit

tielko
aluspaita

body
body

nohavice
housut

džínsy
farkut

sukňa
hame

blúzka
pusero

košeľa
paita

pulóver
villapaita

sveter
collegepaita

blejzer
jakku

bunda
takki

kabát
takki

pršiplášť
sadetakki

kostým
puku

šaty
mekko

svadobné šaty
hääpuku

oblek	nočná košeľa	pyžamo
puku	yöpaita	pyjama

sari	šatka na hlavu	turban
shari	päähuivi	turbaani

burka	kaftan	abaja
burka	kaftaani	abaya

dvojdielne plavky	plavky	šortky
uimapuku	uimahousut	shortsit

tepláková súprava	zástera	rukavice
verkkarit	esiliina	käsineet

gombík

nappi

okuliare

silmälasit

náramok

rannekoru

retiazka

kaulakoru

prsteň

sormus

náušnica

korvakoru

čiapka

lippalakki

vešiak

ripustin

klobúk

hattu

kravata

solmio

zips

vetoketju

prilba

kypärä

traky

henkselit

školská uniforma

koulupuku

uniforma

univormu

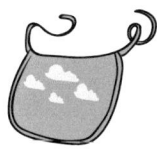

podbradník

ruokalappu

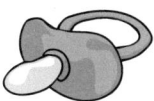

cumlík

tutti

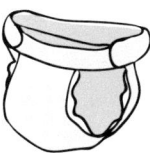

plienka

vaippa

kancelária

toimisto

server
palvelin
skriňa na spisy
asiakirjakaappi
tlačiareň
tulostin
papier
paperi
monitor
näyttö
myš
hiiri
písací stôl
kirjoituspöytä
zakladač
kansio
klávesnica
näppäimistö
kôš na papier
roskakori
počítač
tietokone
stolička
tuoli

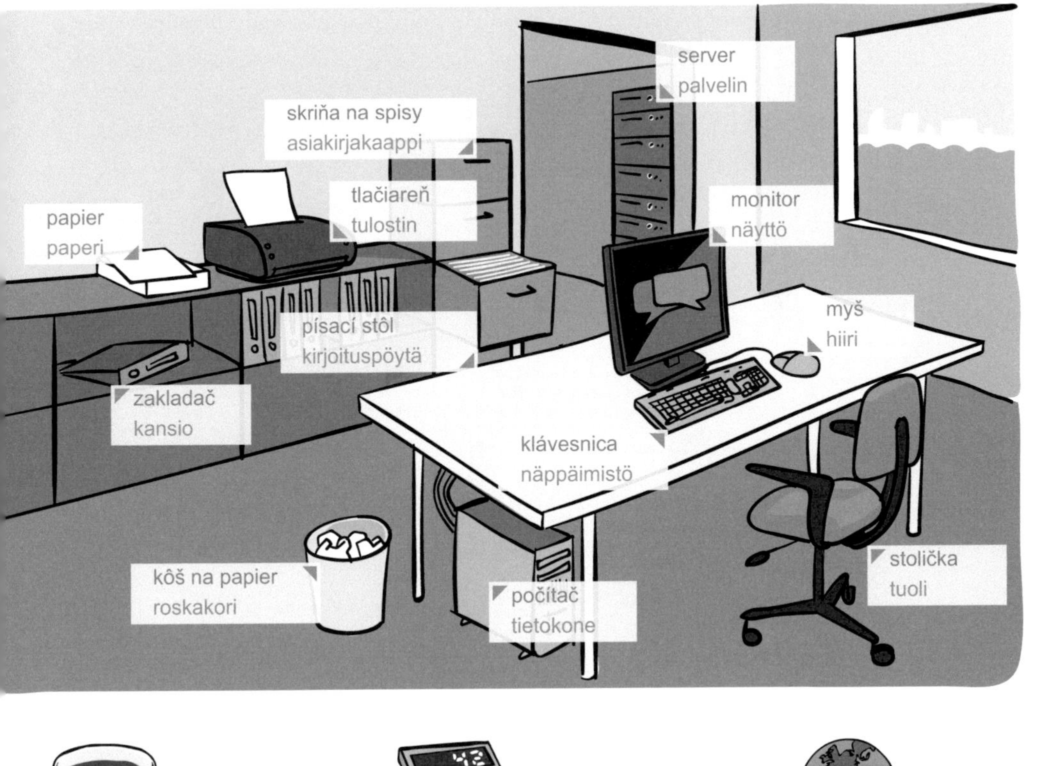

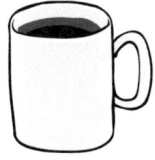

hrnček na kávu

kahvimuki

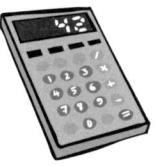

kalkulačka

taskulaskin

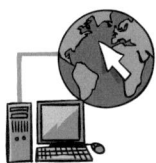

internet

internet

laptop

kannettava tietokone

list

kirje

správa

viesti

mobil

kännykkä

sieť

verkko

kopírka

kopiokone

softvér

ohjelmisto

telefón

puhelin

elektrická zásuvka

pistorasia

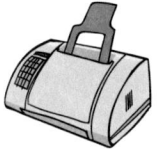

fax

faksi

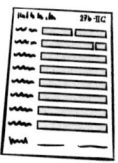

formulár

lomake

doklad

asiakirja

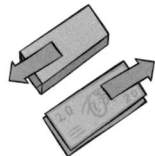

kúpiť

ostaa

platiť

maksaa

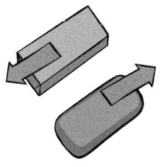

obchodovať

vaihtaa

peniaze

raha

USD

dolár

dollari

EUR

euro

euro

JPY

jen

jeni

RUB

rubeľ

rupla

CHF

švajčiarsky frank

frangi

CNY

čínsky jüan

renminbi juan

INR

rupia

rupia

bankomat

pankkiautomaatti

zmenáreň

rahanvaihto

zlato

kulta

striebro

hopea

ropa

öljy

energia

energia

cena

hinta

zmluva

sopimus

daň

vero

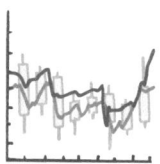

akcia

osake

pracovať

työskennellä

zamestnanec

työntekijä

zamestnávateľ

työnantaja

továreň

tehdas

obchod

liike

povolania
ammatit

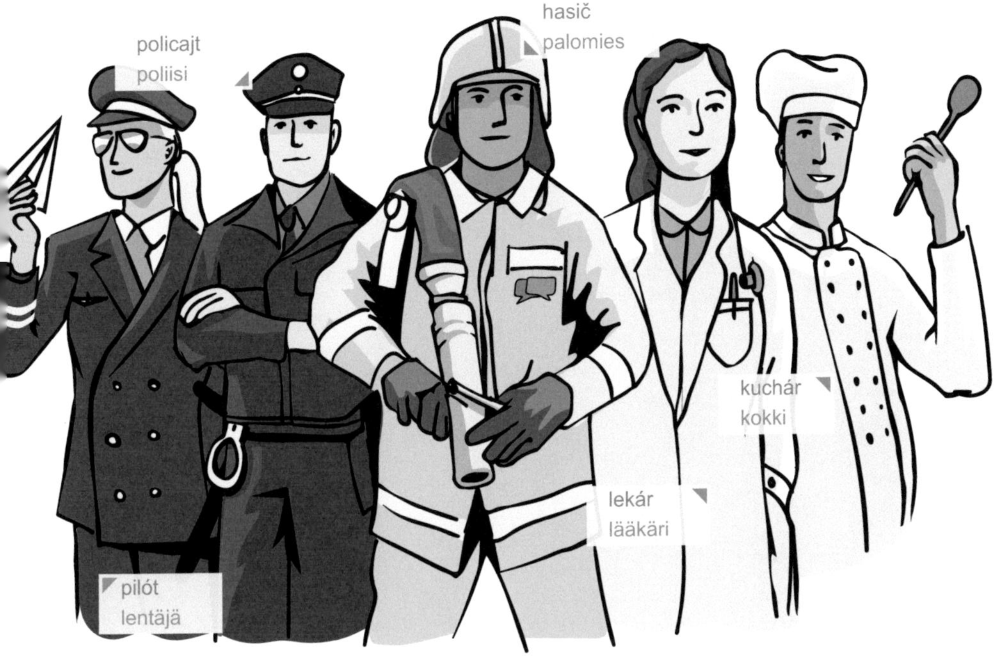

policajt
poliisi
hasič
palomies
kuchár
kokki
lekár
lääkäri
pilót
lentäjä

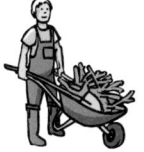

záhradník
puutarhuri

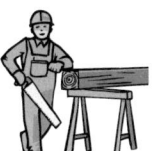

stolár
puuseppä

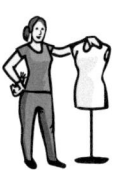

krajčírka
ompelija

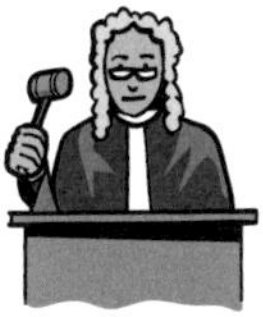

sudca
tuomari

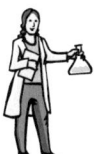

chemik
kemisti

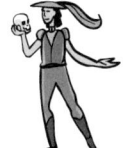

herec
näyttelijä

vodič autobusu

linja-autonkuljettaja

taxikár

taksinkuljettaja

rybár

kalastaja

upratovačka

siivooja

pokrývač

katontekijä

čašník

tarjoilija

poľovník

metsästäjä

maliar

maalari

pekár

leipuri

elektrikár

sähköasentaja

stavebný robotník

rakentaja

inžinier

insinööri

mäsiar

teurastaja

klampiar

putkiasentaja

poštár

postinjakaja

povolania - ammatit

vojak

sotilas

architekt

arkkitehti

pokladník

kassanhoitaja

kvetinár

floristi

kaderník

kampaaja

sprievodca

konduktööri

mechanik

mekaanikko

kapitán

kapteeni

zubár

hammaslääkäri

vedec

tiedemies

rabín

rabbi

imám

imaami

mních

munkki

farár

pappi

náradie
työkalut

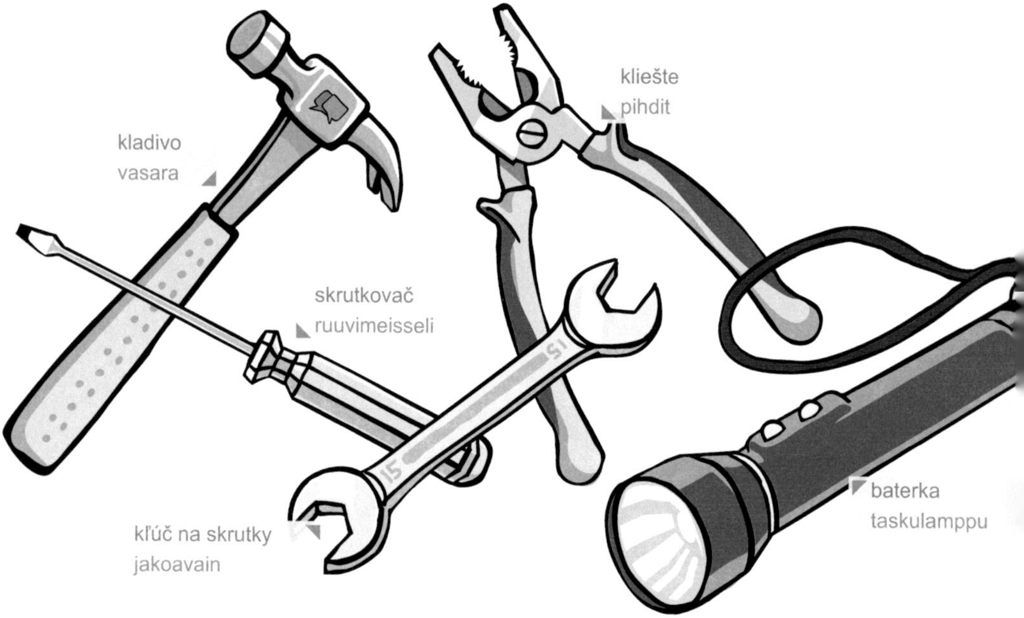
kliešte
pihdit
kladivo
vasara
skrutkovač
ruuvimeisseli
baterka
taskulamppu
kľúč na skrutky
jakoavain

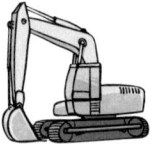

bager

kaivinkone

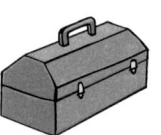

súprava náradia

työkalupakki

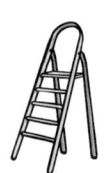

rebrík

tikkaat

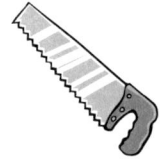

pílka

saha

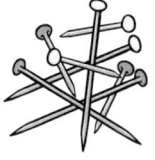

klince

naulat

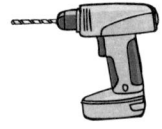

vrták

pora

opraviť

korjata

lopata

lapio

Do čerta!

Hitto!

lopatka na smeti

rikkalapio

nádoba s farbou

maalipurkki

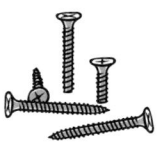

skrutky

ruuvit

hudobné nástroje
soittimet

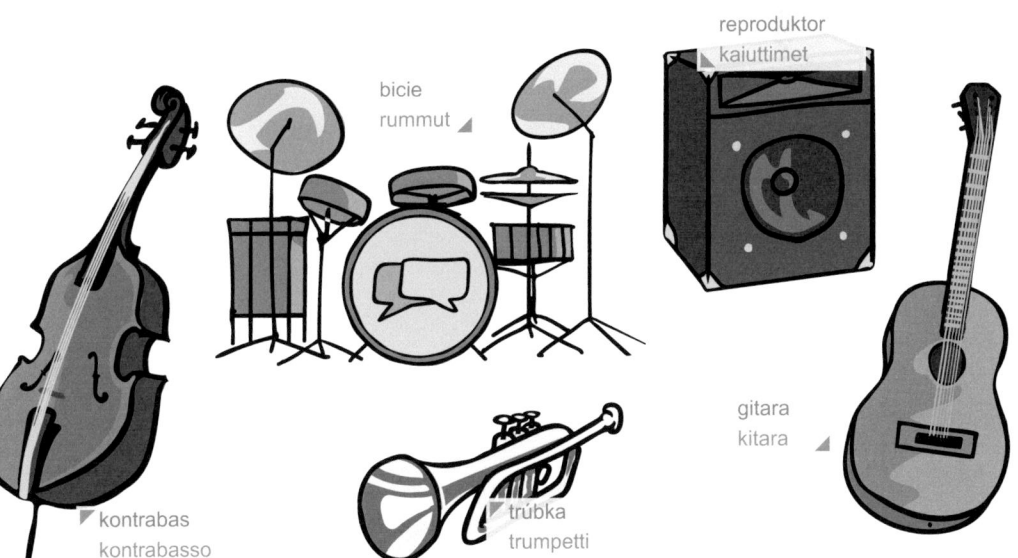

reproduktor
kaiuttimet

bicie
rummut

kontrabas
kontrabasso

trúbka
trumpetti

gitara
kitara

klavír

piano

husle

viulu

basa

basso

tympany

patarummut

bubon

rumpu

klávesnica

kosketinsoitin

saxofón

saksofoni

flauta

huilu

mikrofón

mikrofoni

ZOO
eläintarha

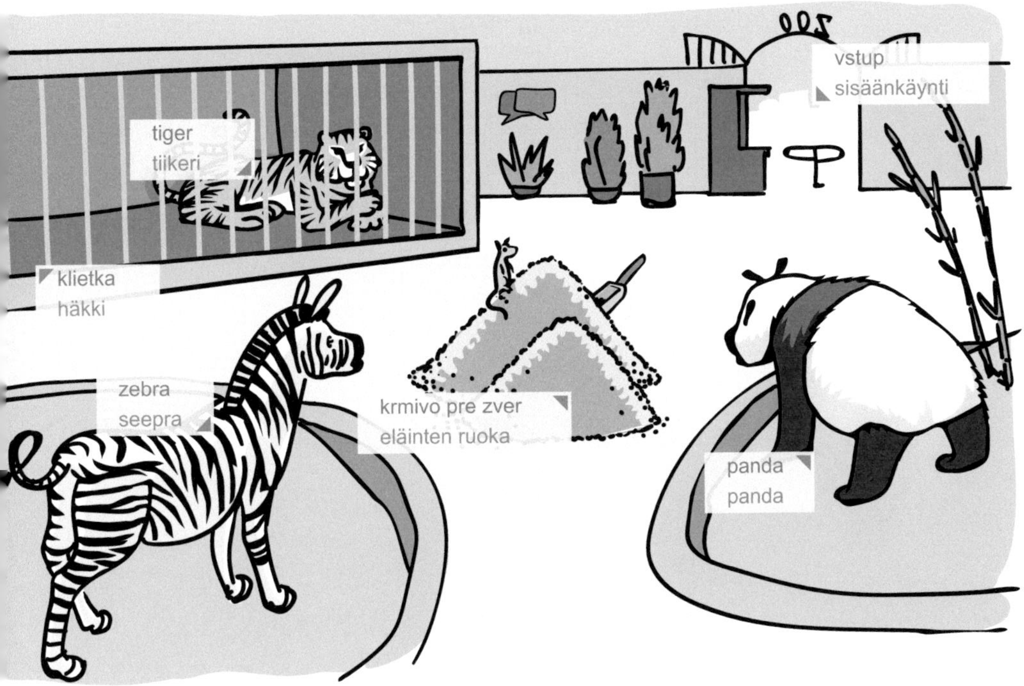

vstup
sisäänkäynti
tiger
tiikeri
klietka
häkki
zebra
seepra
krmivo pre zver
eläinten ruoka
panda
panda

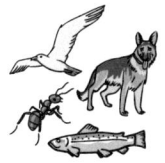

zvieratá

eläimet

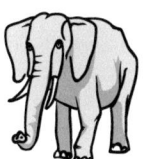

slon

norsu

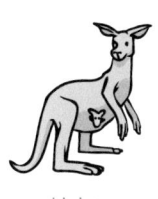

klokan

kenguru

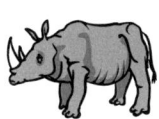

nosorožec

sarvikuono

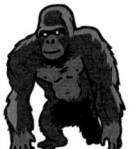

gorila

gorilla

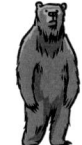

medveď

karhu

ťava

kameli

pštros

strutsi

lev

leijona

opica

apina

plameniak

flamingo

papagáj

papukaija

ľadový medveď

jääkarhu

tučniak

pingviini

žralok

hai

páv

riikinkukko

had

käärme

krokodíl

krokotiili

ošetrovateľ v ZOO

eläintarhanhoitaja

tuleň

hylje

jaguár

jaguaari

poník

poni

leopard

leopardi

hroch

virtahepo

žirafa

kirahvi

orol

kotka

diviak

villisika

ryba

kala

korytnačka

kilpikonna

mrož

mursu

líška

kettu

gazela

gaselli

americký futbal
amerikkalainen jalkapallo

cyklistika
pyöräily

tenis
tennis

basketbal
koripallo

plávanie
uinti

box
nyrkkeily

hokej
jääkiekko

futbal

jalkapallo

bedminton

sulkapallo

ľahká atletika

yleisurheilu

hádzaná

käsipallo

lyžovanie

hiihto

pólo

poolo

smiať sa
nauraa

skočiť
hypätä

objať
halata

chodiť
kävellä

spievať
laulaa

snívať
unelmoida

modliť sa
rukoilla

pobozkať
suudella

písať
kirjoittaa

kresliť
piirtää

ukázať
näyttää

tlačiť
painaa

dať
antaa

brať
ottaa

mať
omistaa

robiť
tehdä

byť
olla

stáť
seisoa

bežať
juosta

ťahať
vetää

hádzať
heittää

padnúť
kaatua

ležať
maata

čakať
odottaa

nosiť
kantaa

sedieť
istua

obliecť sa
pukeutua

spať
nukkua

zobudiť sa
herätä

pozerať

katsoa

plakať

itkeä

hladkať

silittää

česať

kammata

hovoriť

puhua

rozumieť

ymmärtää

pýtať sa

kysyä

počuť

kuunnella

piť

juoda

jesť

syödä

upratať

siivota

milovať

rakastaa

variť

keittää

jazdiť

ajaa

letieť

lentää

plachtiť
purjehtia

počítať
laskea

čítať
lukea

učiť sa
oppia

pracovať
työskennellä

oženiť
mennä naimisiin

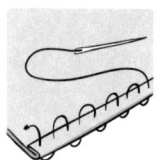

šiť
ommella

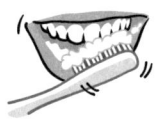

čistiť zuby
pestä hampaat

zabiť
tappaa

fajčiť
tupakoida

poslať
lähettää

rodina
perhe

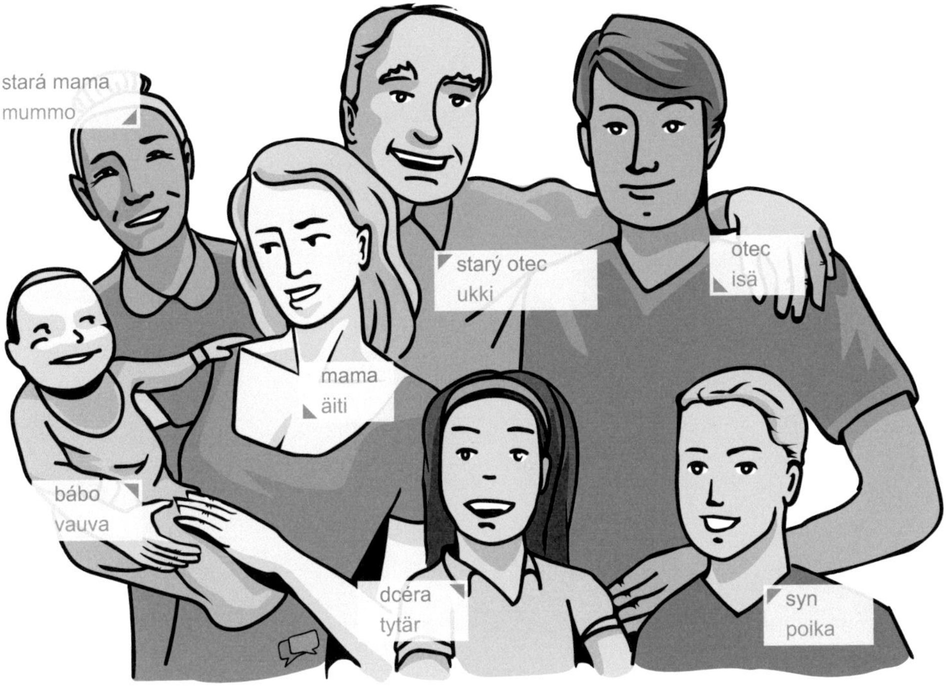
stará mama
mummo
starý otec
ukki
otec
isä
mama
äiti
bábo
vauva
dcéra
tytär
syn
poika

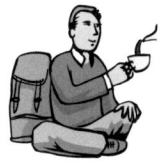

hosť

vieras

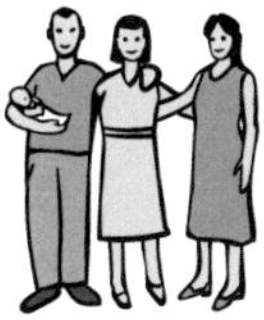

teta

täti

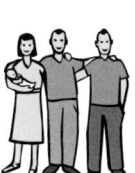

strýko

setä

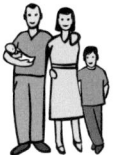

brat

veli

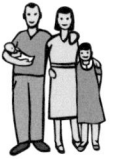

sestra

sisko

telo

vartalo

čelo
otsa
oko
silmä
plece
olkapää
prst
sormet
tvár
kasvot
brada
leuka
ruka
käsi
hruď
rinta
noha
jalka
rameno
käsivarsi

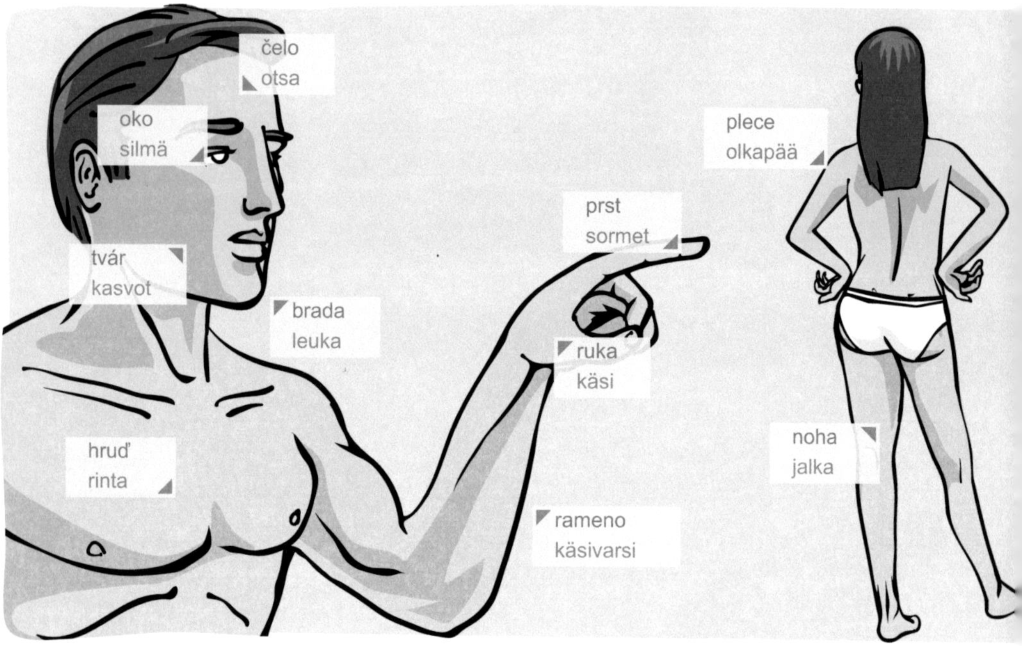

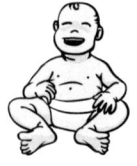

bábo

vauva

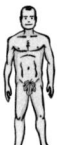

muž

mies

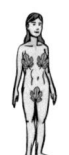

žena

nainen

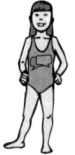

dievča

tyttö

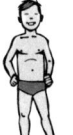

chlapec

poika

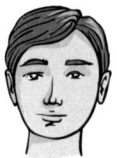

hlava

pää

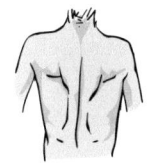

chrbát

selkä

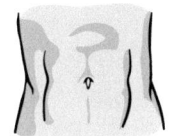

brucho

maha

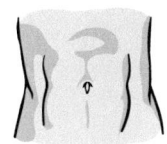

pupok

napa

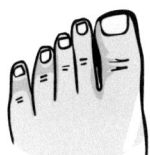

prst na nohe

varvas

päta

kantapää

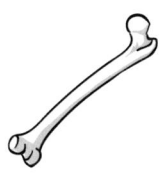

kosť

luu

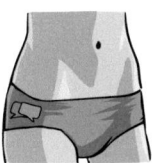

bok

lantio

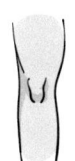

koleno

polvi

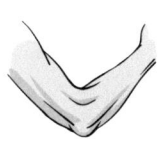

lakeť

kyynärpää

nos

nenä

zadok

takapuoli

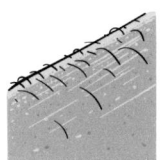

koža

iho

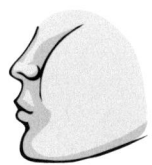

líce

poski

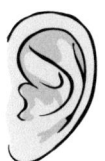

ucho

korva

pery

huuli

ústa

suu

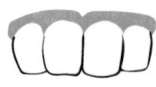

zub

hammas

jazyk

kieli

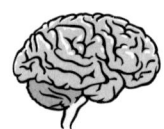

mozog

aivot

srdce

sydän

svaly

lihas

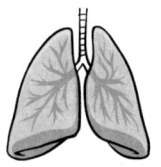

pľúca

keuhkot

pečeň

maksa

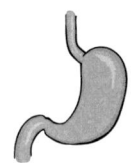

žalúdok

vatsa

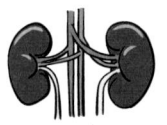

obličky

munuaiset

pohlavný styk

seksi

kondóm

kondomi

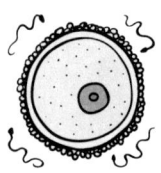

vaječná bunka

munasolu

semeno

sperma

tehotenstvo

raskaus

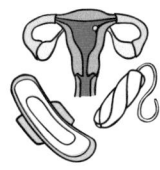

menštruácia

kuukautiset

vagína

vagina

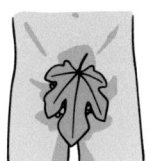

penis

penis

obočie

kulmakarvat

vlasy

hiukset

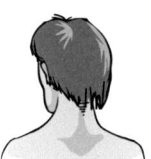

krk

niska

nemocnica
sairaala

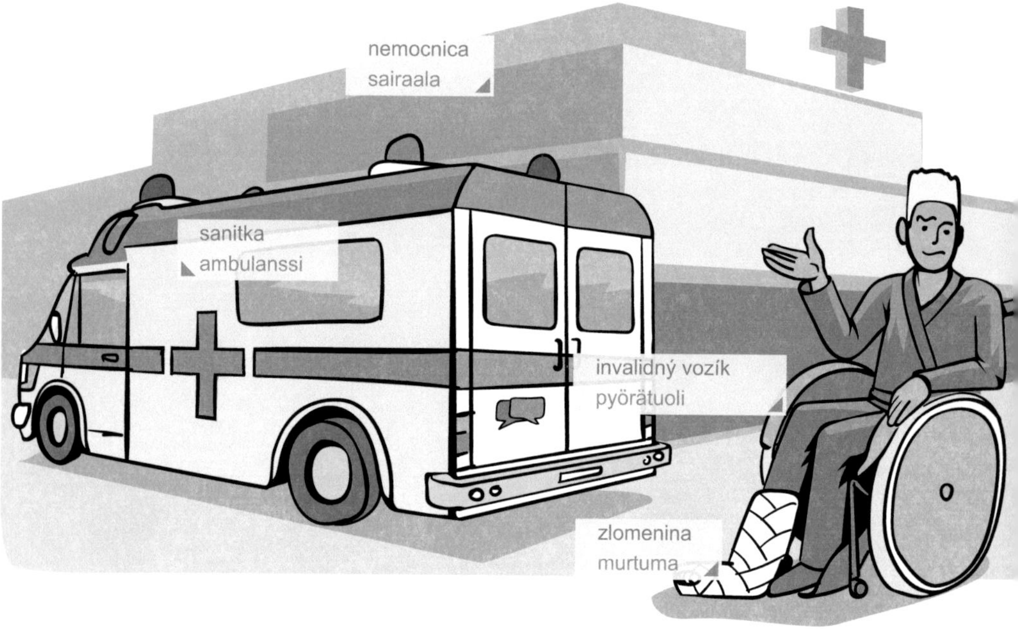

nemocnica
sairaala
sanitka
ambulanssi
invalidný vozík
pyörätuoli
zlomenina
murtuma

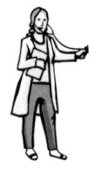

lekár

lääkäri

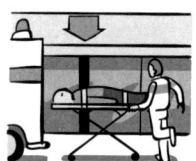

urgentný príjem

ensiapu

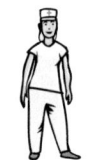

sestrička

sairaanhoitaja

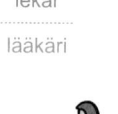

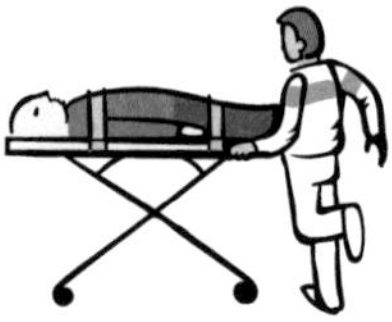

urgentný prípad

hätätilanne

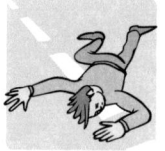

v bezvedomí

tajuton

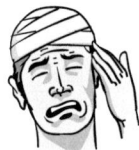

bolesť

kipu

zranenie

vamma

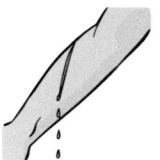

krvácanie

verenvuoto

srdcový infarkt

sydänkohtaus

mozgová porážka

aivoinfarkti

alergia

allergia

kašeľ

yskä

teplota

kuume

chrípka

flunssa

hnačka

ripuli

bolesť hlavy

päänsärky

rakovina

syöpä

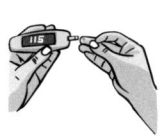

cukrovka

diabetes

chirurg

kirurgi

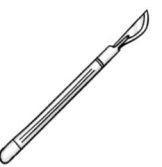

skalpel

veitsi

operácia

leikkaus

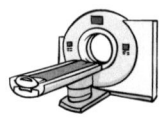

CT

ct

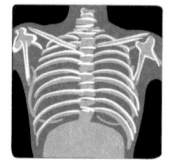

RTG

röntgen

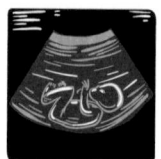

ultrazvuk

ultraääni

maska

maski

choroba

sairaus

čakáreň

odotushuone

barla

sauva

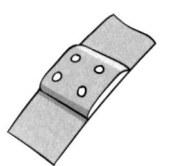

náplasť

laastari

obväz

side

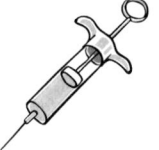

injekcia

pistos

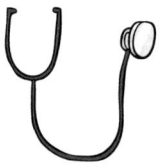

fonendoskop

stetoskooppi

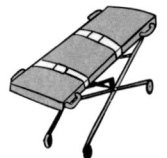

nosidlá

paarit

teplomer

kuumemittari

pôrod

syntymä

nadváha

ylipaino

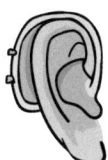

audiofón

kuulolaite

dezinfekčný prostriedok

desinfiointiaine

infekcia

infektio

vírus

virus

HIV / AIDS

HIV / AIDS

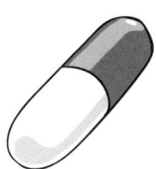

medicína

lääke

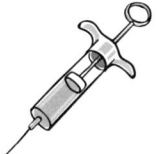

očkovanie

rokotus

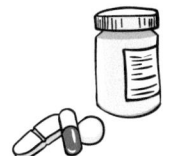

tabletky

tabletit

antikoncepčná pilulka

pilleri

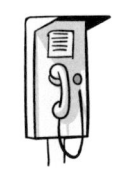

tiesňové volanie

hätäpuhelu

tlakomer

verenpainemittari

chorý / zdravý

sairas / terve

Pomoc!
Apua!

alarm
hälytys

prepad
ryöstö

útok
hyökkäys

nebezpečenstvo
vaara

núdzový východ
hätäuloskäynti

Horí!
Tulipalo!

hasičský prístroj
palosammutin

nehoda
onnettomuus

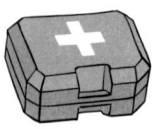

kufrík prvej pomoci
ensiapulaukku

SOS
SOS

polícia
poliisilaitos

Európa

Eurooppa

Severná Amerika

Pohjois-Amerikka

Južná Amerika

Etelä-Amerikka

Afrika

Afrikka

Ázia

Aasia

Austrália

Australia

Atlantický oceán

Atlantin valtameri

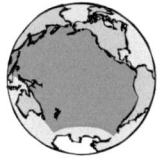

Tichý oceán

Tyynimeri

Indický oceán

Intian valtameri

Južný oceán

Eteläinen jäämeri

Severný ľadový oceán

Pohjoinen jäämeri

Severný pól

pohjoisnapa

Južný pól
....
etelänapa

Antarktída
....
Antarktis

Zem
....
maa

krajina
....
maa

more
....
meri

ostrov
....
saari

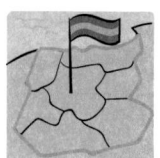

národ
....
kansa

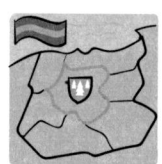

štát
....
osavaltio

ciferník

kellotaulu

hodinová ručička

tuntiviisari

minútová ručička

minuuttiviisari

sekundová ručička

sekuntiviisari

Koľko je hodín?

Paljonko kello on?

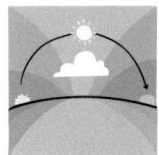

deň

päivä

čas

aika

teraz

nyt

digitálne hodiny

digitaalikello

minúta

minuutti

hodina

tunti

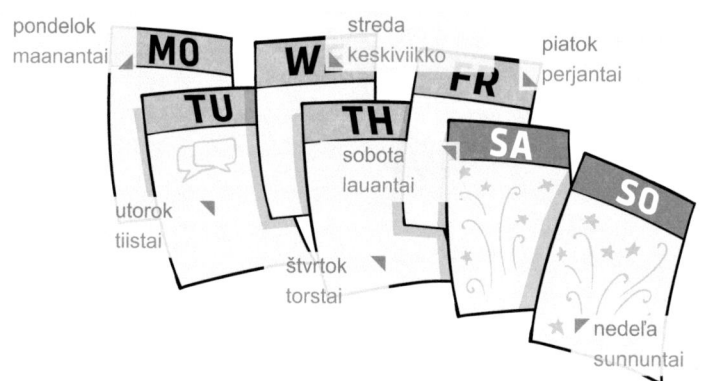

pondelok
maanantai

streda
keskiviikko

piatok
perjantai

sobota
lauantai

utorok
tiistai

štvrtok
torstai

nedeľa
sunnuntai

včera
eilen

dnes
tänään

zajtra
huomenna

ráno
aamu

poludnie
keskipäivä

večer
ilta

MO	TU	WE	TH	FR	SA	SU
1	2	3	4	5	6	7
8	9	10	11	12	13	14
15	16	17	18	19	20	21
22	23	24	25	26	27	28
29	30	31	1	2	3	4

pracovné dni
työpäivät

MO	TU	WE	TH	FR	SA	SU
1	2	3	4	5	6	7
8	9	10	11	12	13	14
15	16	17	18	19	20	21
22	23	24	25	26	27	28
29	30	31	1	2	3	4

víkend
viikonloppu

týždeň - viikko

dúha
sateenkaari

dážď
sade

sneh
lumi

vietor
tuuli

jar
kevät

jeseň
syksy

leto
kesä

zima
talvi

4.APRIL	11°	☀
5.APRIL	4°	
6.APRIL	13°	☂
7.APRIL	8°	☀
8.APRIL	10°	☀

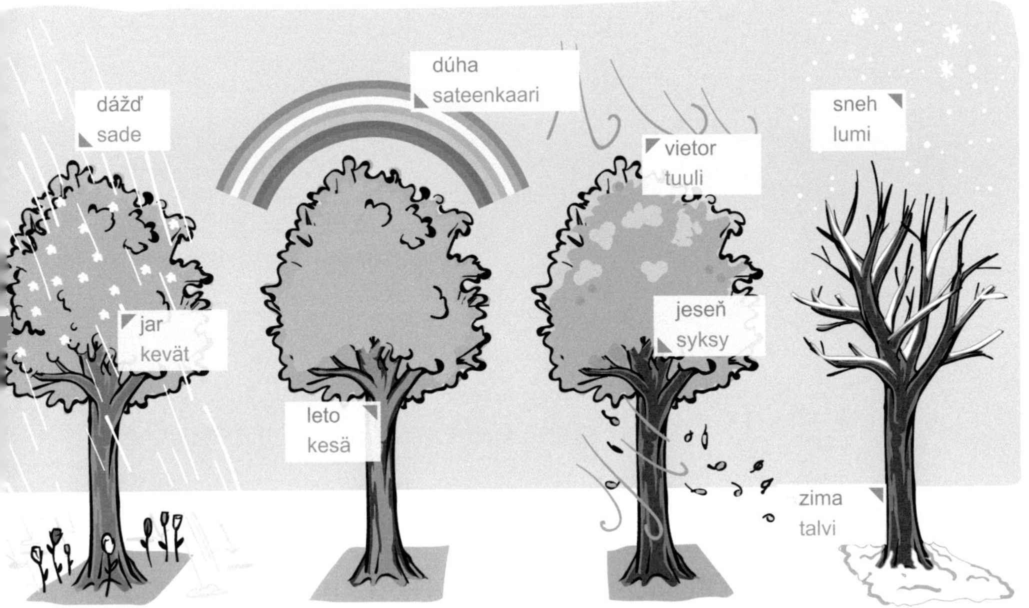

predpoveď počasia

sääennuste

teplomer

lämpömittari

slnečný svit

auringonpaiste

oblak

pilvi

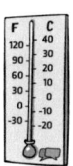

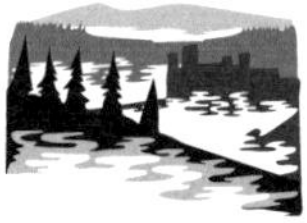

hmla

sumu

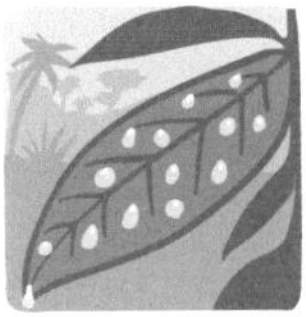

vlhkosť vzduchu

ilmankosteus

blesk

salama

hrom

ukkonen

búrka

myrsky

krúpy

rae

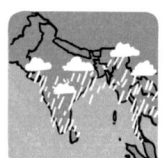

monzún

monsuuni

záplava

tulva

ľad

jää

január

tammikuu

február

helmikuu

marec

maaliskuu

apríl

huhtikuu

máj

toukokuu

jún

kesäkuu

júl

heinäkuu

august

elokuu

september
syyskuu

október
lokakuu

november
marraskuu

december
joulukuu

tvary
muodot

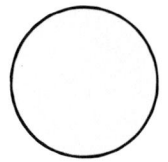

kruh
ympyrä

štvorec
neliö

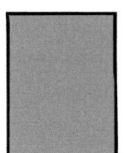

obdĺžnik
suorakulmio

trojuholník
kolmio

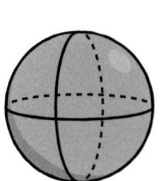

guľa
pallo

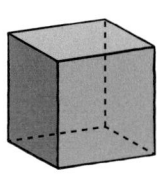

kocka
kuutio

biela

valkoinen

žltá

keltainen

oranžová

oranssi

ružová

vaaleanpunainen

červená

punainen

fialová

violetti

modrá

sininen

zelená

vihreä

hnedá

ruskea

šedá

harmaa

čierna

musta

veľa / málo

paljon / vähän

zúrivý / pokojný

vihainen / ystävällinen

pekný / škaredý

kaunis / ruma

začiatok / koniec

alku / loppu

veľký / malý

suuri / pieni

svetlý / tmavý

vaalea / tumma

brat / sestra

veli / sisko

čistý / špinavý

puhdas / likainen

úplný / neúplný

täydellinen / epätäydellinen

deň / noc

päivä / yö

mŕtvy / živý

kuollut / elävä

široký / úzky

leveä / kapea

chutný / nechutný

syötävä / syömäkelvoton

zlostný / láskavý

paha / kiltti

vzrušený / unudený

innostunut / tylsistynyt

tlstý / chudý

lihava / laiha

prvý / posledný

ensimmäinen / viimeinen

priateľ / nepriateľ

ystävä / vihollinen

plný / prázdny

täysi / tyhjä

tvrdý / mäkký

kova / pehmeä

ťažký / ľahký

painava / kevyt

hlad / smäd

nälkä / jano

chorý / zdravý

sairas / terve

nelegálny / legálny

laiton / laillinen

inteligentný / hlúpy

älykäs / tyhmä

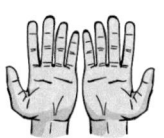

vľavo / vpravo

vasen / oikea

blízko / ďaleko

lähellä / kaukana

protiklady - vastakohdat

nový / použitý

uusi / käytetty

nič / niečo

ei mitään / jotain

starý / mladý

vanha / nuori

zapnuté / vypnuté

päällä / pois päältä

otvorené / zatvorené

auki / kiinni

tichý / hlasný

hiljainen / äänekäs

bohatý / chudobný

rikas / köyhä

správne / nesprávne

oikein / väärin

drsný / hladký

karhea / sileä

smutný / šťastný

surullinen / iloinen

krátky / dlhý

lyhyt / pitkä

pomaly / rýchlo

hidas / nopea

mokrý / suchý

märkä / kuiva

teplý / studený

lämmin / viileä

vojna / mier

sota / rauha

0	**1**	**2**
nula	jeden	dva
nolla	yksi	kaksi

3	**4**	**5**
tri	štyri	päť
kolme	neljä	viisi

6	**7**	**8**
šesť	sedem	osem
kuusi	seitsemän	kahdeksan

9	**10**	**11**
deväť	desať	jedenásť
yhdeksän	kymmenen	yksitoista

12

dvanásť

kaksitoista

13

trinásť

kolmetoista

14

štrnásť

neljätoista

15

pätnásť

viisitoista

16

šestnásť

kuusitoista

17

sedemnásť

seitsemäntoista

18

osemnásť

kahdeksantoista

19

devätnásť

yhdeksäntoista

20

dvadsať

kaksikymmentä

100

sto

sata

1.000

tisíc

tuhat

1.000.000

milión

miljoona

angličtina

englanti

americká angličtina

amerikanenglanti

mandarínska čínština

mandariinikiina

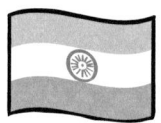

hindčina

hindi

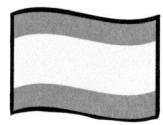

španielčina

espanja

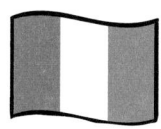

francúzština

ranska

arabčina

arabia

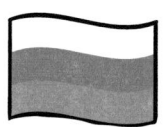

ruština

venäjä

portugalčina

portugali

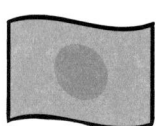

bengálčina

bengali

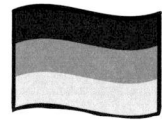

nemčina

saksa

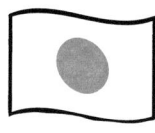

japončina

japani

ja
minä

ty
sinä

on/ona/ono
hän

my
me

vy
te

oni
he

kto?
kuka?

čo?
mitä / mikä?

ako?
miten?

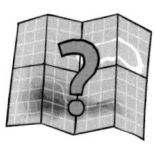

kde?
missä?

kedy?
milloin?

meno
nimi

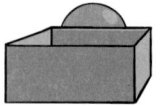

za

takana

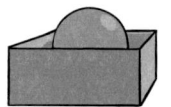

v

sisällä

pred

edessä

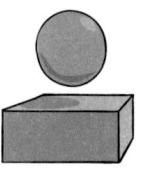

nad

yläpuolella

na

päällä

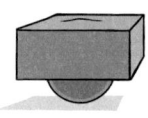

pod

alapuolella

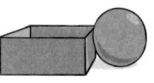

vedľa

vieressä

medzi

välissä

miesto

paikka